AF284557

Léon Ohlsen

Das Tor zur Zauberwiese

Ein Theaterstück von träumerischer Fantasie

Impressum

Bibliografische Information der Deutschen
Nationalbibliothek:
Die Deutsche Nationalbibliothek verzeichnet diese
Publikation in der Deutschen Nationalbibliografie;
detaillierte bibliografische Daten sind im Internet über
http://dnb.dnb.de abrufbar.
© 2022 Detlef Öhlschläger (alias Léon Ohlsen)
Lektorat: s. Autor
Korrektorat: s. Autor
weitere Mitwirkende: Keine
Herstellung und Verlag: BoD – Books on Demand,
Norderstedt
ISBN: 978-3-756214914

Die sich darstellenden **FIGUREN**:

Auf der Zauberwiese:

EREANO: Hüter der Zauberwiese
VIVARO: Die WAHRHEIT => Herr der Zauberwiese
BONUMEO: Das GUTE, Verteter VIVAROS
PAXERA: Der Frieden
GLORIANA: Die EHRE, das LICHT
SAMARENO: Der EINFÜHLSAME u. WARMHERZIGE

Ihre „**Pendants**" :
PESTOS: Das BÖSE => Herr der Finsteren
EGIOS: Der EGOISMUS
HABERIUS: Der BESITZ, der BESITZERGREIFENDE
ENVIUS: Der NEID
ODIUS: Der HASS
MENDACIUS: Die LÜGE
MATAKIOS: Die EITELKEIT
POWEROS: Die MACHT
AVARITIUS: Die GIER
CRUXOS: Der WIDERSINN
Und schließlich: **TYRANO**: Der TRAUMTÖTER

Außerdem: **TALIANA** => Menschenkind dieser Welt
            CORNELIA => Talianas Mutter

Das Tor zur Zauberwiese

(Nachdem alle im Publikum ihre Sitzplätze eingenommen haben, verlischt ganz langsam - kaum merklich - das Saallicht und die Anfangsklänge der OUVER- TÜREN-MUSIK werden leis e eingespiel (live odervom Band...); Nebelmaschinen sorgen für vom Bühnenboden aufsteigenden erst grauweißen und dann von einem blauen Scheinwerfer dezent bestrahlten Nebel... Zu einem „creszendo" der Musik wird auf die Bühnenrückwand ein sich bewegendes Bild projiziert, das die Erde zurzeit der Entstehung zeigt...bis eine Stimme (über Mikrofon) in die Projektion bei sich zurücknehmender OUVERTÜREN-MUSIK den Eeöffnungstext hineinspricht:)

<u>STIMME:</u> Vielleicht begann alles einmal
in einem Traum
In einem großen unendlichen Traum
geboren aus der Weite ewiger Nacht,
gewoben aus einem Geheimnis,
von tausend Feuern entfacht
Vielleicht begann einmal
vor langer, langer Zeit
der Traum in der Ewigkeit:
Von Leben und Licht,
von dem Tod und seiner Geburt
Von dem Spiel mit dem
Sein und dem Nichts
Vielleicht ist alles *Nichts*
und nichts ist *Alles*
Aber vielleicht ist alles,
alles ein unendlich schönerTraum

(Noch einmal schwillt die MUSIK zu einem „creszendo" an, währenddessen die auf die Bühnenrückwand projozierten Bilder allmählich verblassen und der SPRECHER aus dem Nebel zum Bühnenrand hervortritt, begleitet von der akustisch in den Hintergund tretenden Musik...)

SPRECHER: Wie auch immer alles begann... seien Sie be-grüßt, liebes Publikum, lehnen Sie sich zurück, entspannen Sie sich und lassen Sie sich entführen in ein Land, das mehr denn je in Vergessenheit zu geraten scheint und dadurch vom Untergang bedroht ist... Helfen Sie uns dabei, es am Leben zu erhalten: Folgen Sie uns in jenes Land, dem Land der grenzenlosen Fantasie, dem Land der Träume...

(Der SPRECHER verschwindet langsam im dahinschwindenen Nebel Richtung Bühnenabgang, u. mehrere „ELFEN" (in „Elfengewändern") betreten in tanzenden Bewegungen (nach getragener Musik) die Bühne und von der STIMME ist das „Zauberwiesen-Lied" zu hören...)

Die Zauberwiese wurde einst geboren
aus TRAUM und FANTASIE
und nur die, die noch wirklich träumen
sind auch auserkoren
sie zu sehen und zu spür'n
Wer immer durch das Tor der Träume
zu ihr gelangt,
dem sei das Glück beschieden,
Träume nicht nur zu träumen
sondern auch zu erleben...

Von *Ereano*, dem Elfen,
wird sie seit ewigen Zeiten schon gehütet,
und viele, die ihm dabei helfen
und ihn schützend begleiten:
Vivaro, der Lehrmeister des Lebens,
Paxera, der Frieden,
Gloriana, das Glück,
Samareno, der Selbstlose
und schließlich *Bonumeo*, das Gute
und natürlich noch viele andere mehr...
Doch stehen ihnen leider auch immer wieder
ihre Widersacher kämpfend gegenüber
und *Pestos*, das Böse,
hat um sich versammelt die *Macht*
sowie *Haberius* als Geiz und Gier,
bis hin zu *Egios*, der nur sich selber kennt
Auch *Cruxos*, der Widerspruch, sich gern hinzugesellt
und schließlich auch noch *Tyrano*,
der alle Träume tötet und zerstört...
Und in dieser Geschichte sei erzählt,
wie die Zauberwiese in Gefahr gerät,
wie das Tor zu ihr zerbricht
und Pestos seine Fäden knüpft
Wie Tyrano unter den Menschen sein Unwesen treibt
und nach und nach ihre Träume zerstört,
ja, wie ein Krieg zwischen GUT und BÖSE ausbricht,
wer zum Schluss übrig bleibt
und letztendlich der Sieger ist...

(Die Musik klingt aus, während die „Elfen" sich tanzend zum Bühnenabgang hin bewegen...)

V O R H A N G

I .SZENE: *(Auf der „Zauberwiese"... <u>EREANO</u> betritt die Bühne, die Wiese inspizierend...)*

EREANO: *(immer wieder den Kopf schüttelnd...)* Ich weiß nicht, ich weiß nicht...ich kann mir nicht helfen, aber irgendetwas stimmt hier nicht! Diese Wiese blüht nicht mehr in ihrer vollen Pracht, als verlöre sie meh r und mehr von ihrer Kraft...

(An der Bühnenrückwan d huscht ein schwarzer Schatten durch's Bild, EREANO *dreht sich herum...)* Irgendetwas… etwas Fremdes greift nach ihr...*(da entdeckt er den schwarzen Schatten unter den Bäumen...)* He du! Wer bist du!? Was schleichst du dor t im Schatten herum! Zeig' dich und gib dich zu erkennen!

(Der schwarz gekleidete Traumtöter, TYRANO*, tritt aus dem Schatten der Bäume heraus...)*

TYRANO: Ich bin es, Tyrano ist mein Name, aber der wird Euch nichts sagen.

EREANO: Nein, Namen haben hier wenig Bedeutung. Wie ist es dir gelungen, diesen Ort hier zu erreichen. *(Mehr zu sich selbst...)* Das Ganze muss ein Irrtum sein!

TYRANO: Ein Irrtum? Oh nein, eher das Ergebnis einer zunehmenden Verirrung! *(lacht leise vor sich hin...)* Jene sind es, die mich sozusagen geschickt haben, denn sie...

<u>EREANO</u>: *(ihn unterbrechend...)* **Wer** hat dich geschickt?! **Niemand** kann dich zu uns geschickt haben. Niemand kennt diesen Ort außer uns!

<u>TYRANO</u>: *(kichernd...)* Nun, das ist nicht ganz richtig, denn ich habe ihn gekannt!

EREANO: *(leicht verstört...)* Aber...es gibt nur einziges Tor zu unserer Welt, und sie kann niemals durch die Wirklichkeit erreicht werden, sondern immer nur durch das Tor der Träume... *(*TYRANO *verächtlich von oben bis unten betrachtend...)* Du siehst eher aus wie das Ergebnis eines Alptraumes!

TYRANO: *(verächtlich lachend...)* Oh du Hüter und Bewahrer aller reinen und unschuldigen Träume... Wie ein Alptraum, sagt Ihr? Schon möglich und sicherlich nur ein unliebsamer Gast auf Eurer so wohl gehüteten Zauberwiese...

EREANO: *(noch mehr verstört...)* Aber das Tor lässt nur diejenigen hindurch, die...

TYRANO: *(hebt die Hand,* EREANO *unterbrechend...)* Dieses Tor hat einen gewaltigen Riss! *(Erstauntsein vorspielend...)* Habt Ihr ihn denn noch nicht bemerkt?

EREANO: *(benommen...)* Ein Riss, sagst du? Wie konnte das nur geschehen?!

TYRANO: *(*EREANO *schon fast bemitleidend...)* Es begann alles ganz langsam und war dadurch zunächst erst gar nicht zu bemerken. Inzwischen ist dieser Riss so groß, dass ich ohne Mühe hindurch gelangen konnte. Tja, und nun bin ich hier!

EREANO: *(konsternierend wiederholend...)* Wie konnte das nur geschehen?

TYRANO: Aber das ist doch ganz einfach zu erklären! Vielleicht findet Ihr die Antwort auf Eure Frage auch von selbst, wenn Ihr richtig darüber nachdenkt!

EREANO: *(mehr zu sich selbst...)* Es gibt wohl nur eine einzige Erklärung dafür: Die Menschen...die Menschen verlieren nach und nach...ihre...ihre TRÄUME ! *(Und zu* TYRANO...*)* Nur so ist ein Riss im Tor möglich, ist es nicht so?!

TYRANO: *(sarkastisch...)* Ich verbeuge mich zutiefst vor Eurer ergebenen Weisheit! *(eine galante Verbeugun g an - deutend...)*

EREANO: *(wütend...)* Lass' den Unsinn! Du sagtest, man habe dich geschickt. Wer hat dich geschickt?

TYRANO: Nun, nicht direkt geschickt. Sagen wir, ich bin irgendwann entstanden, als die Menschen damit begannen, ganz langsam und allmählich ihre Träume zu verlieren. Im gleichen Maße wie ihre Träume dahinschwanden, bin ich gewachsen. *(Leichtfertig, schnippisch...)* Eines Tages beschloss ich, mir einmal jene Welt anzusehen, die sie im Begriff sind, zu zerstören. *(Lacht in sich hinein... und da ihn* EREANO *nur anstarrt, fährt er fort...)* Und der Riss wird immer größer, glaubt mir! Wenn er nicht bald geschlossen wird, werden noch mehr durch dieses Tor kommen, um...

EREANO: *(ihn unterbrechend...)* .um was? Und überhaupt: wer wird kommen und mit welcher Absicht?

TYRANO: Tja, wer, was und warum...Welch' elementare Grundfragen... Ihr wisst es anscheinend wirklich nicht! Nun, ich will es Euch sagen: Sie kommen, um euch zu vernichten! Sie werden eure vermeintliche Zauberwiese vertilgen, bis auch der Letzte von euch ausgelöscht ist. Eure Welt ist dem Untergang geweiht, es sei denn...

EREANO: *(ihn wieder unterbrechend...)* Es sei denn...was?

TYRANO: Es sei denn, euch gelingt es, die Menschen wieder dazu zu bringen, überhaupt zu träumen und ihren Träumen auch entsprechend nachzugehen!

EREANO: Aber das tun sie doch! Unsere Wiese ist immer noch reichlich gefüllt vom Echo ihrer Träume!

TYRANO: *(sich umschauend...)* Sicher. Aber wie spracht Ihr doch vorhin erst noch zu Euch selbst? *(*EREANO *zitierend...)* „DieseWiese blüht nicht mehr in ihrer vollen Pracht, als verlöre sie mehr und mehr von ihrer Kraft"... Und wie, wenn ich fragen darf, erklärt Ihr Euch den Riss im Tor zu eurer Welt?

EREANO: *(wieder mehr zu sich selbst...)* Ich kann es mir nicht endgültig erklären, denn... (*Zu* TYRANO): Du! Du scheinst es zu wissen! Sag' mir, weißt du die Antwort?

TYRANO: Eine sehr direkte Frage. *(Hält inne, überlegt...)* Ja, ich denke, ich weiß die Antwort. Aber, ich kann sie Euch, fürchte ich, nicht geben.

EREANO: *(hastig...)* Ach, und wieso nicht?

TYRANO: *(zögernd...)* Nun, damit würde ich meine eigene Existenz auf's Spiel setzen, denn gerade erst entstanden, möchte ich nicht gleich schon wieder verschwinden müssen...

EREANO: *(wütend...zischt):* Wer um alles in der Welt...wer zum Teufel bist du?!

TYRANO: *(lacht...)* Ja, das mit dem Teufel ist gar nicht mal so weit hergeholt. Ich will Euch verraten, wer - oder besser gesagt – was ich bin: Man nennt mich Tyrano oder eben auch: den Traumtöter!

EREANO: *(ungläubig wiederholend...)* Den Traumtöter?

TYRANO: *(beipflichtend nickend...)* So ist es!

EREANO: Also du bist es, der die Träume der Menschen derart vergiftet, dass unsere Wiese droht, zu verblühen. Hinweg mit dir! Fort!! Verschwinde dahin, wo du hergekommen bist!

TYRANO: *(einen Schritt zurückweichend...)* Sicher, ich werde verschwinden, denn hier ist nicht mein Platz. Doch bedenkt: schickt Ihr mich fort, zurück durch dieses Tor, dann werde ich jenseits eurer Welt weitaus größeres Unheil anrichten als hier!

EREANO: Wie meinst du das?

TYRANO: Vergesst nicht: Ich bin der Traumtöter! Und je mehr in die unmittelbare Nähe der Menschen komme, desto mehr werde ich sie infizieren. *(Und wieder sarkastisch)* Niemand kann aus seiner Haut, heißt es so schön. Das gilt auch für mich!

EREANO: Geh! Geh' fort und wage es nicht noch einmal, hierher zu kommen!

TYRANO: *(sich wieder in übertriebene r Geste werbeugend...)* : Ich weiche vor Eurer Macht, oh Hüter aller verborgenen Träume... *(Dann eisiger...:)* Ich habe Euch gewarnt, eure Welt ist dem Untergang geweiht und ihr alle tragt daran mit die Schuld: Ihr habt euch all die Zeit hier versteckt, unerreichbar für Jedermann, wähntet euch in allzu großer Sicherheit und habt dabei die Zeichen der Zeit regelrecht verschlafen! Hoch mut   und   Eitelkeit haben eure Augen vor dem verschlossen, was sich dort draußen in der Menschenwelt abspielt. Ihr selbst seid es, die den bevorstehenden Kampf heraufbeschwören. *(Sich dem Bühnenausgang zuwendend und sich nochein mal umdrehend...)* Ich komme wieder, doch dann komme ich nicht mehr alleine! *(Ab von der Bühne)*

EREANO: *(*TYRANO *noch einen Moment nachschauend... sich dann abrupt herumdrehend, und dann   rufend von der Bühne laufend...)*: Paxera, Gloriana, Vivaro! Wo seid ihr? Kommt schnell, wir müssen uns versammeln! Es ist etwas Schreckllliches geschen!! [**V O R H A N G**]

II. SZENE:

II. 1: *(Das Traumtöterlied)*

(Die Bühne liegt im Halbdunkel, TYRANO *ist mit einem Spot beleuchtet, trägt „sein" Lied vor...)*

Tyrano ist mein Name,

auch Traumtöter genannt

Schleich' mich ein in alle Herzen

um alle Träume zu zerstör'n

Verstreu' das Gift,

das alle angreift

zerstöre alle Träume,

die von Menschen je geträumt,

zerstöre und vergifte,

bis alles in Dunkelheit versinkt

(und zum hinteren Bühnenrand verschwindend…)

Tyrano ist mein Name,

auch Traumtöter genannt,

zerstöre und vergifte,

bis alles in Dunkelheit versinkt

II. 2: *(Pestos und Tyrano)*

(Gleiches Bühnenbild. Während der letzten Zeilen des „Traumtöterliedes " betritt PESTOS *- ebenfalls ganz in Schwarz gekleidet - die Bühne...)*

PESTOS: Na na, Tyrano, was für ein garstiges Lied. Singst du dir damit selber Mut zu?

TYRANO: *(wieder zur Bühnenmitte tretend…)* He Pestos, mein Freund, dass ich dich einmal treffe. Wo hast du so lange gesteckt?

PESTOS: Nun, mein guter Tyrano, ebens o wie du habe ich viel zu tun und bin derzeit mit dem unaufhaltsamen Ausbau meines Reiches beschäftigt. Doch sag' an, mein Freund, has t du das Tor gefunden, nach dem du so lange gesucht hast?

TYRANO: Ja, habe ich tatsächlich.

PESTOS: Und? Konntest du hindurch?

TYRANO: Auch das ist mir gelungen.

PESTOS: Oh, hervorragend. Wo führt es hin, ich meine, was liegt jenseits dieses rätselhaften Tores?

TYRANO: Du wirst es nicht glauben, aber es führt zu einem Ort, den sie die *Zauberwiese* nennen.

PESTOS: Die *Zauberwiese*? Nie davon gehört. Wer nennt diesen Ort so und was geschieht dort?

TYRANO: Tja, ich denke, wer immer diese *Zauberwiese* erreicht, dem eröffnet sich die große Möglichkeit, dass seine ... Träume in irgendeiner Form in Erfüllung gehen. Wie genau das funktioniert, konnte ich allerdings noch nicht herausfinden. Offensichtlich herrschen dort strenge Vorschriften, deren Einhaltungen von einem Elfen überwacht werden.

PESTOS: Ah, von einem Elfen also, wie schön.. .Hört sich fast so an, als sei er der Hüter und Bewahrer des Guten und des Schönen, bah pfui Teufel!

TYRANO: Ja, so ist es! Und er ist nicht allein. Er hat Helfer, wie viele allerdings, weiß ich nicht.

PESTOS: *(einen Moment lang überlegend...)* Es sind neun. Ich wette, dass es neun sind.

TYRANO: Wie kommst du darauf?

PESTOS: *(mehr für sich...)* Sie haben sich all die Zeit über versteckt! Wie lange habe ich mich schon gefragt, wo zum Teufel sie stecken könnten. *(und zu* TYRANO *direkt...)* Während wir uns hier mit diesen widerspenstigen Wesen, die Menschen genannt werden, herumplagen, um ihnen begreiflich zu machen, wer der Herr dieser Welt ist, halten sie sich schön im Hintergrund und sind deshalb so schlecht angreifbar..

TYRANO: Du sprichst in Rätseln, mein Freund.

PESTOS: Aber das ist doch ganz einfach zu verstehen! Überleg' doch mal: Ist dir bisher nicht aufgefallen, dass wir alle über-haupnicht existieren würden, gäbe es nicht für jeden von uns dasgenaue Pendant?

TYRANO: Du meinst, ohne *schwarz* gäbe es kein *weiss*, ohne *Nacht* auch keinen *Tag*, ohne *Böse* auch kein *Gut* und ohne…

PESTOS: *(ihn unterbrechend...)* und so weiter, und so weiter. Genau so ist es! Aber ich will dir noch etwas anderes verraten, das du vielleicht nicht wissen kannst: Vor langer, sehr langer Zeit waren wir noch alle in dieser Welt vereint, und wir alle sangen gemeinsam das Lied vom „Großen Traum", bis...

TYRANO: Bis was?

PESTOS: *(versonnen...)* bis dieser **eine** Ton, dieser alles entscheidene **eine** Ton unsere Trennung bewirkte... Oh mein Gott, es ist alles schon so eine Ewigkeit her... Ich weiß nicht einmal mehr, wie viele wir eigentlich am Anfang waren. Sehr viele jedenfalls, doch sind einige im Laufe der Zeit einfach verschwunden, ganz so, wie auch wieder neue entstehen, so wie du zum Beispiel, kleiner Traumtöter...

TYRANO: Und die, die noch übrig geblieben sind, kämpfen unverdrossen um die Herrschaft?

PESTOS: *(versonnen nickend...)* Ganz genau so ist es! Und dieser Kampf währt schon ewig und wird sich wohl auch über alle Ewigkeiten hinweg erstrecken, so lange es diese Welt eben noch gibt... Manchmal frage ich mich, ob es überhaupt jemals einen Sieger geben wird..

TYRANO: Aber du hast mir meine Frage noch nicht beantwortet.

PESTOS: Welche Frage meinst du?

TYRANO: Wie du ausgerechnet auf die Zahl „neun" kommst?

PESTOS: Nun, da auch wir zu neunt sind - dich mit einbezogen, mein lieber Tyrano - nehme ich an, dass auch sie - im Augenblick jedenfalls - neun zählen. Wir müssen unbedingt in Erfahrung bringen, wer sie sind, denn **wo** sie sind, wissen wir ja nun . Ich schätze , du bist der einzige von uns, der den Zugang zu dieser - wie sagtest du? - Zauberwiese? erwirken kann. Wie machst du das eigentlich?

TYRANO: Nichts einfacher als das: Ich suche mir einfach die Menschen, die gerad e im Begriff sind, ihre Träume zu vergessen oder noch besser : sie gar ganz aufzugeben. Je mehr es werden desto größer wird der Riss im Tor zur Zauberwiese. Wer weiss, vielleicht bricht es ja eines Tages ganz auseinander...

PESTOS: *(boshaft lächelnd...)* Du hast schnell gelernt, mein Lieber, ich verlasse mich ganz auf dich! Wenn du es schaffst, auch uns Übrige durch dieses Tor zu schleusen, dann ha… dann gibt es vielleicht doch noch einen Sieger in diesem immerwäh renden Kampf... Doch nun muss ich weiter, habe noch wichtige Sachen zu erledigen:*Paxera*, dieses verdammte Friedensweib kommt mir ständig in die Quere. Im Augenblick hat sie die Oberhand und befriedet ganze Völkersstämme. Wenn ich nicht aufpasse, spielt sie mich kurzerhand an die Wand! Das gilt es zu verhindern! Mach' s gut, alter Freund, ich lasse wieder von mir hören! *(Geht ab von der Bühne...)*

TYRANO: Ja, mach' auch du es gut – wir seh'n uns. *(ihm hinterherwinkend und sich dann wieder dem Publikum zuwendend...)* Und auch ich habe noch viel zu tun – zu viele Menschen träumen noch, wenngleich viele auch nur so vor sich hinnträumen... *(Ebenfalls ab von der Bühne begleitet von den Anfangsklängen des „Traumtöterliedes" ...)*

V O R H A N G

III. SZENE: *(Ratsversammlung der „Zauberwiese")* *(Das Bühnenbild zeigt eine von Säulen durchsetzte große Halle, an einer langen Tafel sitzen in einer Unterhaltung vertieft - in kostbare Gewänder gehüllt - einige der „Ratsmitglieder" wie z. B. PAXERA, GLORIANA, SAMARENO und BONOMEO –*

EREANO *stürmt aufgeregt rufend auf die Bühne...)*

EREANO: Paxera! Gloriana! Vivaro!

GLORIANA: *(aufstehend, auf* EREANO *zugehend und ihn beruhigend...)* Was gibt es, Ereano, dass du so aufgeregt bist?

EREANO: *(immer noch leicht fassungslos...)* Wir sind in Gefahr! In großer Gefahr, man hat uns entdeckt! Es ist unvorstellbar, aber unsere Zauberwiese liegt im Sterben. Sie stirbt, langsam, aber jeden Tag ein bisschen mehr. Erst habe ich es nicht richtig bemerkt, doch dann...

PAXERA: So beruhige dich doch! Unsere Zauberwiese kann nicht sterben!

GLORIANA: Wer zu uns kommt, führt keine bösen Gedanken mit sich. Und nur böse Gedanken könnten die Zauberwiese zerstören.

VIVARO: *(die Bühne betretend...)* Ganz recht, so war es zumindest bisher. *(Alle übrigen drehen sich zu um...)*

SAMARENO: So *war* es bisher?! Was sollte sich daran ändern? Du selbst hast uns mehr als einmal gesagt, dass es immer so bleiben wird, und dass das Tor zu uns geschützt ist.

VIVARO: Sicher, mein guter Samareno, so lange das Tor geschützt ist, kann auch niemand hindurchgelangen, der hier nichts zu suchen hat. Aber...

BONUMEO: Sprich weiter. Was für ein ABER gibt es?

VIVARO: Aber leider ist auch der Schutz des Tores nicht unangreifbar! Ereano, erzähl' uns: Was ist vorgefallen?

EREANO: Ich ging vorhin, wie so oft in letzter Zeit, über unse re Wiese, eigentlich nur, um mich davon zu überzeugen, dass alles in Ordnung ist. Doch schon lange beschleicht mich ein unheimliches, irgendwie nicht zu erklärendes Gefühl, dass etwas...

GLORIANA: Was für ein Gefühl, Ereano?

VIVARO:*(*GLORIANA *einen strafenden Blick zuwerfend...)* So lass' ihn doch erzählen!

EREANO: ...dass etwas nicht stimmt. Eine seltsame Veränderung, als reiße irgendetwas mit aller Macht an der Kraft der Zauberwiese. Und da entdecke ich vorhin plötzlich eine schwarze Gestalt am Rand unserer Wiese. Ein Wesen, das absolut nicht zu uns gehört und dennoch in der Lage war, durch das geschützte Tor zu gelangen, so als...

VIVARO: *(aufspringend...)* Wer war es?!

EREANO: Sein Name war ... Ki ..nein ..Ty ...Tyramo.

VIVARO: Tyramo?? Ich kenne kein Wesen dieses Namens

EREANO: Er sagte, man nennt ihn auch den Traumtöter.

GLORIANA u. **PAXERA**:*(wie aus einem Munde...)* Den Traumtöter??!

EREANO: *(nickt düster...)*

VIVARO: *(für sich...)* Ich habe es befürchtet! All die Zeit über habe ich es befürchtet, dass eines Tages ein solches Wesen entstehen wird. *(Wieder zu* EREANO*):* Hat er dir erklärt, wie es ihm gelungen ist, durch das Tor zu kommen?

EREANO: Er sagte, unser Tor hätte einen Riss, groß genug, um hindurch zu kommen.

SAMARENO: Ein Riss, sagst du? *(An* VIVARO *gewandt):* Ein Riss imTor zur Zauberwiese? Wie um alles in der Welt ist so etwas möglich?

EREANO: Wenn ich diesen ... diesen Traumtöter richtig verstanden habe, ist er zu uns gelangt, weil die Menschen offenbar beginnen, ihre Träume zu verlieren oder... oder irgendwie scheint es diesem Tyrano zu gelingen, die Träume der Menschen zu vergiften! V ielleicht, dass er ihre Fantasie zersetzt und ...

VIVARO: ... und sie mit anderen Dingen lockt!

(Alle schweigen betreten, schließlich...)

PAXERA: Vivaro, du bist der Lehrmeister allen Lebens auf dieser Welt, und du warst es auch, der uns in den Schutz dieses Ortes geführt hat - dafür werden wir dir auch immer dankbar sein. Aber mir scheint, du hast uns nicht alles gesagt, was wir vielleicht wissen sollten.

GLORIANA: Ja Vivaro, ich kann mich leider auch nicht des Eindrucks erwehren, dass es da noch etwas gibt, das wir wissen sollten.

SAMARENO: Wieso sagst du, du hast schon lange die Entstehung eines Wesens wie diesen Traumtöter vorausgeahnt?

PAXERA: Liegt es womöglich an uns? Ich meine, haben wir vielleicht nicht gut genug aufgepasst, dass unsere Feinde neue Gegener ins Feld führen, denen es unter Umständen möglich ist, uns - hier - direkt anzugreifen?!

BONUMEO: Ist es gar möglich....

VIVARO: *(beschwichtigend die Arme hebend...)* So haltet ein! Ich will ja versuchen, all eure Fragen zu beantworten! Nun, alles verände rt sich eben immer wieder. Nichts bleibt - wie ihr sicherlich wisst - für die Ewigkeit. Bislang war die Welt immer noch einigermaßen im Gleichgewicht. Du Paxera, und auch ihr andren alle, seid ein entscheidener Teil dieser Welt, doch könntet ihr ohne die Existenz eurer Pendants allein gar nicht bestehen.

GLORIANA: Das alles wissen wir, guter Vivaro. Worauf willst du hinaus?

VIVARO: Ich befürchte, Pestos will endlich seinen direkten Krieg gegen uns: Er will uns endlich vernichten!

EREANO: Aber ein solcher Krieg hätte keinen Sinn! Denn vernichtet er uns, vernichtet er damit auch sich selbst und alle seine Gefolgsleute!

VIVARO: Ich wünschte, du hättest damit Recht.

PAXERA: Das hat er doch auch – oder?

VIVARO: Ich fürchte leider, nein. Nicht in einem direkten Krieg gegen uns. So lange wir diesen Krieg nur in den Seelen der unzähligen armen Menschen ausfechten, sind wir als Gegner ebenbürtig und können uns nur scheinbar gegenseitig vernichten. Letztendlich entscheidet über Sieg oder Niederlage auch die Befindlichkeit jedes einzelnen Menschen, und uns allen sind die verschlungenen Pfade des Geistes und der Seele hinlänglich bekannt...

BONUMEO: Was würde ein direkter Angriff auf uns denn bedeuten, sofern Ereano mit seiner eigentlich logisch erscheinenden Feststellung nicht Recht hat?

VIVARO: *(schweigt zunächst in Nachdenklichkeit versinkend, alle anderen schauen ihn erwartungsvoll an, dann...)* Es würde bedeuten – sollten wir diesen Kampf nicht gewinnen können - das Pestos letztendlich die absolute Macht und Herrschaft über diese Welt erlangen würde und niemand könnte ihn mehr bezwingen. Bis an den Rest aller Tage würde die Welt nur noch au s lichtlosen Sphären bestehen, die nicht nur uns, sondern alles Leben dieser Welt überhaupt, in kürzester Zeit auslöschen würden.

SAMARENO: Der Sieg des Dunklen über das Licht?

VIVARO: So in etwa, ganz genau! Pestos' einziges Ziel ist es immer schon gewesen, nicht nur die Herrschaft über die Menschen sondern eben über die ganze Welt zu erlangen; allein, bislang fehlten ihm die entsprechenden Möglichkeiten dazu Wenn ihn allerdings die Menschen jetzt - natürlich ganz unbewusst - bei seinem Vorhaben unterstützen, dann ist die Gefahr größer denn je!

EREANO: Und sie helfen ihm dabei, indem sie mehr und mehr ihre Träume verlieren, denn dadurch wird das Tor zu uns eines Tages ganz brechen, und wir sind den Angriffen Pestos' nahezuschutzlos ausgeliefert!

PAXERA: *(nach einer kleinen Pause...)* Von dieser Gefahr hast du uns nie erzählt! Was sollen wir nur tun?

VIVARO: Es gibt vielleicht eine Möglichkeit...

GLORIANA: Und...woran denkst du dabei?

VIVARO: Es ist nur ein Strohhalm, an den wir uns klammern können mit ebenso geringschätziger Garantie ob seines Erfolges, aber vielleicht unsere einzige Chance...

Alle anderen rücken näher an VIVARO *heran; während ihrer anschließenden „Unterhaltung" wird die SZENE op-*

tisch ausgeblendet und der **VORHANG** *schließt sich dabei langsam...)*

IV SZENE:

IV 1.: **SPRECHER**: *(vor dem* VORHANG*, währenddessen die nächste SZENE hergerichtet wird...)*

Träume, meine lieben Zuschauer,

Träume werden geboren

nur in heller Fantasie und...

sie gehen allzu schnell verloren,

lässt man sie fallen und verliert den Weg

Wie wäre es doch traumhaft schön,

würden Träume endlich wahr –

verkündeten ein Leben in Frieden

ohne Kampf und Krieg,

siegte nur das GUTE

und ließ all BÖSES weit zurück

Wie käme es doch einem Wunder gleich,

klärten sich so manche Dinge,

dass es auf alle Fragen eine Antwort gäbe

und zugleich die Träume blieben…

IV: 2 *(*Talianas *Schlafzimmer...*TALIANA *erwacht in ihrem Bett, räkelt sich, steht auf, geht ans Fenster und zieht die Vorhänge zurück...)*

TALIANA: Was für ein Traum! Ob es sie wirklich gibt, die-se ...diese Zauberwiese? Wie waren doch gleich ihre Namen? Vivaro, Pestos, Ereano, Pax...Paxera, Tyrano... Und was sie wohl bedeuten mögen?...

CORNELIA: *(die Schlafzimmertür öffnend...)* Morgen, mein Kind. Du bist ja schon auf. Hast du gut geschlafen?

TALIANA: Ja Mama. Und ich habe etwas Seltsames ge-träumt.

CORNELIA: War es etwas Schlimmes?

TALIANA: Ich weiß nicht. Ja und nein. Es ging um eine Zau-berwiese.

CORNELIA: Eine Zauberwiese?

TALIANA: Ja, aber es war auch sehr verwirrend. Der Traum war so... Er war irgendwie so real. Ich meine, so, als hätte ich es wirklich erlebt und nicht nur geträumt. Merkwürdig ...

CORNELIA: Hm. Vielleicht kannst du ihn mir ja beim Frühstück erzählen. Was möchtest du: Müsli wie immer oder heu te lieber mal Brot mit Marmelade?

TALIANA: (*gedankenverloren...*) Was sagst du? Ja, Müsli, wie immer, Entschuldige Mama.. (*Geht an ihr vorbei ins Badezimmer, die Mutter verlässt achselzuckend das Zimmet) (Währenddessen betritt* BONUMEO *die Bühne, sieh t sich kurz im Zimmer und setzt sich schließlich wartend auf einen Stuhl...*)

TALIANA: (*kommt aus dem Badezimme r zurück sich die Haare abtrocknend... und hält mitten in der Bewegung inne, als sie* BONUMEOS *gewahr wird...*) Um Himmels willen!! Wer bist du? Wie...wie kommst du hier...

BONUMEO: Erschreck dich nicht, meine Liebe. Es ge- schieht nichts Böses.

TALIANA: Aber...aber wie bist du hier hereingekommen?

BONUMEO: Sagen wir, ich bin einfach so durch's Fenster geschwebt.

TALIANA: (*ungläubig...*) Durch's Fenster?! Es ist geschlos- sen!

BONUMEO: (*lachend...*) Ja sicher, für euch vielleicht - für mich nicht! Aber gestatte mir, liebe Taliana , das s ich mich vostelle: man nennt mich Bonumeo, auch das GUTE genannt.

TALIANA: (*wiederholend...*) Bonumeo? Das GUTE ?

BONUMEO: So ist es! Und ich bin gekommen, dir deinen Traum zu erklären, zumal ich...

TALIANA: Meinen Traum?! Woher weißt du davon?

BONUMEO: Ja weiß t du, das ist nicht einfach zu erklären. Sicher wäre es sehr verwirrend für dich, vor allem , wenn ich dir zu erklären versuchte, dass du im Grunde gar nicht richtig geträumt hast, denn...

TALIANA: Nicht geträumt habe? Aber ich habe ja wohl in meinem Bett gelegen und geschlafe n und... geträumt, obwohl...

BONUMEO: Ja sicher, hast du auch, in einer gewissen Weiise, dennoch: Wir haben dich gewissermaßen gerufen, und du hast auch ziemlich schnell den Weg zu uns gefunden...

(CORNELIAS Stimme ist vom Flu r her zu hören): Wo bleibst du denn? Das Frühstück wartet schon längst auf dich!

TALIANA: *(erschrocken...)* Meine Mutter! Du... du musst dich verstecken, schnell! Wenn sie dich sieht, könnte es...

BONUMEO: Keine Sorge, mein Kind, deine Mutter kann mich nicht sehen ... und auch nicht hören...

CORNELIA: *(die Zimmertür öffnend...)* Warum trödelst du denn heute so? Du komms t noch zu spät zur Schule! (*an* BONUMEO *vorbeigehend zum Fenster, um es zu öffnen...)* Gelüftet hast du auch noch nicht! Nun beeil' dich halt schon! *(Wieder das Zimmer verlassend ohne* BONUMEO *wahrge - nommen zu haben...)*

TALIANA: *(fassungslos...)* Sie… sie hat dich tatsächlich nicht gesehen Das ist... das ist Zauberei, ich glaub' es einfach nicht! Wie geht denn so was?!

BONUMEO: *(lacht wieder...)* Auch das könnte ich dir erklären, aber ich fürchte, es sprengt deine Vorstellungskraft, denn...

TALIA NA: Versuch' es trotzdem! Ich habe ja schon einiges im Leben gelernt, aber ganz offensichtlich weiß ich noch lan-ge nicht alles!

BONUMEO: Gut, ganz wie du meinst: Na ja, sagen wir mal, wir sind im Augenblick nicht in ZEIT und RAUM.

TALIANA: *(ihn doch etwas fassungslos anschauend . . .)* Ach?! Ah ja, alles klar, das verstehe ich natürlich! Nur so, zum besseren Verständnis : Dies hier ist doch mein Zimmer, also mein RAUM, und wie mir meine Mutter gerade zu verstehen gegeben hat, habe ich wohl offensichtlich die ZEIT vertrödelt...oder besser gesagt, ...

BONUMEO: *(abermals lachend...)* Keine Sorge, mein Kind! Wenn ich wieder verschwunden bin, ist es immer noch viertel nach sieben. Du kannst in Ruhe frühstücken, nimmst wie immer deinen Viertel-vor-acht-Bus und bist pünktlich in der Schule.

TALIANA: Aber.. .aber meine Mutter hat mir doch gerade gesagt, das ich jetzt schon zu spät dran bin!

BONUMEO:*(leicht resignierend...)* Ja, auch wir machen zuweilen Fehler, ich habe nicht richtig aufgepasst, doch wird sie gleich von alledem nichts mehr wissen.

TALIANA: *(spontan...)* Jetzt hab' ich's!: I st doch ganz einfach! Ja, es gibt nur diese eine Erklärung: Ich träume immer noch - ich bin noch gar nicht aufgewacht!

BONUMEO: *(kopfschüttelnd...)* Oh doch, sei gewiss: Du bist aufgewacht und du hast... ich meine, du warst bei uns, bei uns auf der Zauberwiese. Erinnerst du dich noch, was geschehen ist?

TALIANA: Ja, sicher – mein Gott, dieser Traum endet wohl überhaupt nicht mehr!

BONUMEO: *(lächelnd...)* Nun, sagen wir: im Augenblick jedenfalls noch nicht, das heißt, deine Einwilligung vorausgesetzt, möchten wir dich um deine Hilfe bitten.

TALIANA: Meine Hilfe?

BONUMEO: *(nickend...)* Du wirst es nicht glauben, aber Vivaro hat mich geschickt, dich zu fragen, ob du dazu bereit wärst, uns...

TALIANA: Vivaro?! *(für sich...)* Es gibt sie tatsächlich! *(Und wieder zu* BONUMEO*...)* Also gut, ich gehe mal davon aus, ich bin tatsächlich wach und der Rest der Welt um mich herum hat sich offensichtlich in einen einzigen Zauberspuk verwandelt - was sollte ich denn tun können, um euch zu helfen?

BONUMEO: Das ist gar nicht so schwer. Alles, was wir brauchen, ist sousagen eine kleine Auflistung deiner Träume, wie sich dein künftiges Leben gestalten sollte, stellvertretend für viele andere deines Alters. Du bist noch jung und auf euch ruhen die Erwartungen der Zukunft. Wie soll es weitergehen mit der Welt und wer sollte sie verändern, wenn nicht ihr?

TALIANA: Die Welt verändern, wir?! Was können wir denn schon tun? Ich meine, wir sind doch in sie hinein geboren, so, wie sie nun mal ist...

BONUMEO: Sicher, ja, das heißt aber nicht, das s ihr den gleichen grausamen Blödsinn fortsetzen müsst, den die Menschhei t gerade betreibt! Ihr könnt schon eine Veränderung bewirken, und sei es nur dadurch, dass ihr euch eure Träume bewahrt.

TALIANA: *(doch noch leicht skeptisch...)* Nur durch die Bewahrung eigener Träume? Du meinst ... ihr meint, das könnte eine Veränderung der Welt bewirken?

BONUMEO: Auf jeden Fall ein wichtiger Grundstein! Vieles von dem, das die Zauberwiese im Augenblick erreicht, sind nur noch Träume, die sich hauptsächlich auf die Erfüllung materieller Wünsche beschränken, an zweiter Stelle gefolgt von einem schier unersättlichen Bedürfniss, die eigene Eitelkeit befriedigen zu können... Alles in allem eine sinnlose Jagd nachdem vermeintlichen Glück, alle Güter zu besitzen...

Aber wa s red ' ich von Dingen, die du noch nicht verstehen kannst...

TALIANA: Oh, ich bin gerade dabei , so einiges zu lernen, was ich absolut nicht verstehe – sprich ruhig weiter – ich habe ja wohl... Zeit, oder?

BONUMEO: *(TALIANA unsicher anschauend...)* Zeit? Oh ja, ja. Für den Fall, dass dich unsere augenblicklichen Sorgen tatsächlich interessieren: Gloriana zum Beispiel ist in ernsten Schwierigkeiten, denn sie fühlt sich zunehmends missbraucht und beklagt sich mehr und mehr darüber , in ihrer Wesensart überhaupt nicht mehr erkannt zu werden. Ihre Feinde wie Haberius, Cruxos und allen voran Pestos natürlich schöpfen ihr immer mehr das Wasser ab... Oder Vivaro, er sieht sich schon lange einem aussichtslosen Kampf der Macht, PO-WEROS, gegenüber ausgesetzt und von mir selbst...

TALIANA: Ja, was ist mit dir?

BONUMEO: Tja, mein Schicksal ist es nun mal, im ewigen Kampf zwischen GUT und BÖSE, seit es euch Menschen gibt, meine Position zu verteidigen. Bliebe noch Paxera. Sie findet zwar immer noch in vielen Herzen ihren Platz, beseelt von dem Wunsch, besser gesagt, dem Traum, dass Frieden auf der Erde herrscht, doch reißen auch bei ihr Pestos und sein findteres Gefolge immer tiefere Wunden, und sie muss täglich den sinnlosen Tod Hunderter von Menschen verkraften, die alle noch am Leben sein könnten. *(Nach einer kleinen Pause...)* Und wenn all dieser Irrsinn nicht endlich aufhört, dann stirbt die Zauberwiese Stück für Stück und damit auch alles, wovon Menschen je geträumt haben und auch ... wofür sie je gekämpft haben!

TALIANA: Und das alles, weil die Menschen nach und nach ihre Träume verlieren?

BONUMEO: Nicht, weil sie ihre Träume verlieren beziehungsweise verloren haben, vielmehr dadurch, weil ihre Träume nach und nach vergiftet werden. Weil sie allzu schnell den gefährlichen Verlockungen Haberius', Egios' und Envius', dem Neid, erlegen sind und letztendlich die Zauberwiese für ein albernes Kindermärchen halten ...

TALIA.NA: Daher also der Riss. Der Riss im Tor, von dem Tyrano und auch Ereano gesprochen haben ...

BONUMEO: Ja, und eure Träume könnten vielleicht verhindern, dass der Riss noch größer wird!

TALIANA: Und nun möchtest du von mir wissen, welche Träume ich so habe...?

BONUMEO: Ja, gerne. Außer dem Traum, dass die Schule end lich abbrennt und sich alle Lehrer freiwillig auf eine einame Insel zurückziehen ...

TALIANA: Oh ja, wahrhaftig, ein schöner Traum!

BONUMEO: Sicher, wer sieht in deinem Alter schon ein, dass man in der Schule für's Leben lernt ...

TAILIANA: Besonders, wenn man sich mit Fächern wie Mathe, Physikoder Chemie oder gar Geschichte herumärgern muss und dabei nie zu erkennen ist, wofür das alles eigentlich gut sein soll. Ganz abgesehen davon, dass fast alle Lehrer total ungerecht sind und immer so tun, als ...

BONUMEO : (*abwinkend die Hand hebend...*) Schon gut, schon gut, lass' uns nicht länger über die Schule reden – niemand kann dir dieses Schicksa l ersparen! Doch ... wovon träumst du noch?

TALIANA: Immer wenn ich träume ...?

BONUMEO: (*sie ermunternd...*) Ja ...

TALIANA: (*greift zum Mikrofon – die Anfangsklänge „ ihres " SONGS ertönen und sie singt die 1. Strophe*):

Immer wenn ich träume, bin ich weit entfernt, von dem, was mich umgibt, von dem, was man Leben nennt ...und immer wenn ich träume, dann ...

(*und an dieser Stelle erst einmal abbrechend*)

BONUMEO: Ja! Wie geht es weiter?

TALIANA: Was?

BONUMEO: Dein Lied – das Lied von deinen Träumen!

TALIANA: (*etwas genant...*) Na ja , ich weiß auch nicht so recht. Vielleicht...

BONUMEO: Bitte – sing' es für mich!

TALIANA: Ja also, wenn du meinst...

(Und nun singt sie den gesamten SONG)

Immer wenn ich träume, bin ich weit entfernt von dem, was mich umgibt, von dem, was man Leben nennt…Und immer wenn ich träume, taucht meine Seele ab, verschwindet in Bereiche, die scheinbar so lebensfern

Immer wenn ich träume, ist alles ganz normal, dann ist der Sinn des Lebens auch Jedem klar –und auch seine Moral

Immer wenn ich träume, weiß ein Jeder wohl, wie es steht mit GUT und BÖSE und was das Ganze soll Immer wenn ich träume, dann ist Jedem klar, dass uns're Welt einmal nur aus Licht geboren ward

Und immer wenn ich träume, ist alles nur Gefühl und der Verstand nur dazu da, es zu dirigier'n

Immer wenn ich träume, gäb' es vieles nicht, das uns're Welt noch mehr zerstört und einfach sinnlos ist

Doch wird' ich immer träumen, dass scheinbar in Allem ein Sinn liegt, den es nur zu erkennen gilt, damit sich auch mein Schicksal in dieser Welt erfüllt

(Währen d der zuletzt gesungenen Strophe ist BONUMEO wieder verschwunden, ohne dass TALIANA es bemerkt hat – erst als sie sich ihm wieder zuwenden will, bemerkt sie seine Abwesenheit...)

TALIANA: (*...noch während „ihr" Lied ausklin gt...*) Hey Bonomeo, wo steckst du? Bonumeo, bist du noch da?

(Schaut auf die Uhr...) Es ist tatsächlich viertel nach sieben und ich... ich habe das wohl alles nur... geträumt!

CORNELIA:*(wieder die Tür öffnend...)* Morgen, mein Kind. Du bist ja schon auf – hast du gut geschlafen? Das Frühstück ist fertig *(Geht zum Fenster, um es zu öffnen...)* Du bist ein bisschen spät dran heute - du solltest dich ein wenig beeilen, wenn du nicht zu spät zur Schule kommen willst ... *(Verlässt wieder den Raum, TALIANA steht noch etwas fassungslos am Fenster, sich noch einmal dem Publikum zuwendend...)*

TALIANA: Was für ein Traum!

V O R H A N G

V. SZENE: *(Das Treffen der neun „Finsteren")*

(Die BÜHNE *zeigt eine in rötlich und schwärzlich gehaltene Halle, der Versammlungsort der „Finsteren" ...)*

PESTOS: Seid alle miteinander gegrüßt, meine Freunde, es gibt gute Neuigkeiten.

HABERIUS: Was gibt es denn so wichtiges, dass du mich von meiner notwendigen Arbeit abhälst?!

CRUXOS: Ja, warum hast du uns alle zusammengerufen?

EGIOS: Nichts ist wichtiger als ich!

POWEROS: *(an* EGIOS *gewandt...)* Schon möglich, aber nichts ist mächtiger als ich!

ENVIUS: Wüßt' ich's nicht besser: man könnte euch glatt beneiden, wie wichtig ihr doch seid. Ach,seid ihr alle wichtig, aber...

PESTOS: *(beschwichtigend die Hand hebend...)* Nun hört schon auf damit. Spart eure Kräfte für eure eigentlichen Gegner!

MATAKIOS: Na, die haben wir doch im Griff, oder?

PESTOS: Sicher! Aber uns bietet sich die große Möglichkeit, sie nicht nur im Griff zu haben, sondern sie endgültig zu vernichten!

EGIOS: Ohne uns dabei selber zu vernichten? Du beliebst mal wieder zu scherzen, Pestos!

CRUXOS: Ja, scheinbar ein Widerspruch. Aber Pestos würde so etwas nicht in Betracht ziehen, sähe er nicht die Möglichkeit einer Vernichtung unserer lästigen Pendants! Also, Pestos, wie steht es?

PESTOS: Wir wissen jetzt endlich, wo sie sich aufhalten beziehungsweise wo sie sich versteckt halten, so dass ...

HABERIUS *(hämisch lachernd)*: Na wo sollen sie schon stecken? Im Hirngewürm der Menschen natürlich!

POWEROS: Vielleicht lasst ihr Pestos endlich mal die Chance, die Sache näher zu erläutern. Eure dummen Kommentare könnt ihr euch sparen!

ENVIUS: Hört hört! Die Worte eines Mächtigen - wir alle erzittern aus Furcht vor dir!

AVARITIUS: Könnt ihr nicht endlich mal Ruhe geben und zuhören! Lasst Pestos reden!

MENDACIUS:Gibt es endlich richtig Krieg? Ich bin auf jeden Fall dabei!

MATAKIOS: Na, wen wundert's !

TYRANO *(betritt die Halle der „Finsteren" ...)*

EGIOS: *(sich nach* TYRANO *umdrehend...)* Wer zum Teufel ist der denn?

PESTOS: Er ist ein enger Verbündeter, Tyrano, der Traumtöter . Ihm haben wir es zu verdanken, dass wir das Versteck unserer Gegner kennen.

CRUXOS: Na schön, und was haben wir davon, ihr Versteck zu kennen? Welche Möglichkeit ihrer Vernichtung gibt es denn nun ohne uns dabei selber zerstören?

ENVIUS: Genau! Cruxos hat recht! Und überhaupt: wie hat er das denn bewerkstelligt? Hat er sich etwa Vivaro vorgestellt: Hallo, ich komme im Auftrag des BÖSEN und soll mal kurz dem GUTEN den Garaus machen? *(Etliche in der Runde der „Finsteren" kichern vor sich hin...)*

HABERIUS: Äußerst spaßige Vorstellung, Envius... Also Pestos, was ist nun dein großes Geheimnis?

MATAKIOS: Ja genau! Willst du dich in die Herzen der Menschen einschleichen und unser e Gegner dort einfach so vertreiben?

MENDACIUS: Was soll der Quatsch, Matakios?! Den Kampf kämpfen wir doch nun schon seit Menschengedenken und er bringt offensichtlich keinen eindeutigen Sieger hervor, obwohl sich sicher alle von uns die größte Mühe geben ...

EGIOS: Was beschwerst du dich Mendacius?! Wie man so hört, sollst du doch im Augenblick äußerst erfolgreich sein, denn weit über die Hälfte des Weltgeschehens ist doch auf dir, der LÜGE, aufgebaut. Aber wie ich dich kenne, möchtest du natürlich die gesamteWelt! ...

MENDACIUS: *(zu EGIOS...)* Ach! Und was ist mit dir Egios?! Bist du etwa als SELBSTSUCHT und EGOISMUS weniger erfolgreich?

ENVIUS: Vergesst mal nicht die Selbstgefälligkeit! Als NEID trage ich ja wohl auch meinen bescheidenen Teil dazu bei!

MATAKIOS: Das mit der Selbstgefälligkeit ist ja wohl mein Part - also schmück' dich nicht mit f remden Federn! Aber was soll man von dir auch anderes erwarten: Als NEID bist du eben auf alles nur ... neidisch!

CRUXOS: Ohne mich als WIDERSINN wär't ihr lange nicht so erfolgreich wie ihr euch jetzt alle rühmt, um das mal klarzustellen...

POWEROS: Alles schön und gut, aber euer vermeintlich so erfolgreiches Wirken verdankt ihr in erster Linie mir, denn würde ich nicht ständig als MACHT alle LIEBE, SANFTMUT und den Wunsch nach FRIEDEN unterdrücken, könntet ihr alle einpacken!

ODIUS: Na, bei der LIEBE sei mal ein bisschen vorsichtiger, schließlich bin ich als HASS ja wohl derjenige, der die LIEBE in Schach hält!

AVARITIUS: Mich scheint ihr dabei wohl völlig vergesen zu wollen! Hass mag die Liebe zerstören und auch auf Lüge aufgebaute Geschichten mögen die Wahrheit verspotten, doch alle Macht, Hass und Eitelkeit stünden doch ohne mich, der maßlosen GIER nach allem, doch mit leeren Händen da!

PESTOS: *(mit der Faust auf den Tisch schlagend...)* Genug jetzt!! Wenn ihr endlich damit fertig seid, euch ob eurer so rühmlichen Taten gegenseitig zu überbieten, könnten wir uns vielleicht mal wieder dem eigentlichen Thema zuwenden! Tyrano hat nicht Ewigkeiten Zeit...

CRUXOS: Ganz recht! Also, wir warten immer noch auf deinen Vorschlag. Was hast du vor?

PESTOS: *(zu Tyrano...)* Tyrano? Berichte uns von deiner Entdeckung der ... Zauberwiese!

(Alle anderen wie aus einem Munde...) Die Zauberwiese?!

TYRANO: *(sich erhebend...)* Nun, der Schlüssel zu allem ist ... ist der TRAUM.

HABERIUS: (*sich gleich wieder einmischen wollend...*) Der Traum?

PESTOS: *(seinen Einwand mit einer herrischen Geste unterdrückend..)* Sei still jetzt und hör' zu! Tyrano, bitte, erklär' es uns genauer!

TYRANO: Nun also, nachdem ihr alle durch eure Mühen, eure Gegner zu bekämpfen, einen Großteil der menschlichen Träu-me zunichte gemacht habt, gab ich ihnen als TRAUM-TÖTER den Todesstoß. Ganz ungewollt geschah es dabei, dass ich einen kleinen Riss in einem bis dahin weit unbekannten Tor entdeckte, und, da ich es durchschritt, um zu ergründen, was sichhinter diesem Tor verbirgt, eben jene Zauberwiese entdeckte.

EGIOS: Was hat das zu bedeuten ...diese Zauberwiese?

TYRANO: Sie ist eine Art Zufluchtsort, besser gesagt: eine Burg, für die Menschen nur durch ihre Träume erreichbar. Wer immer zu dieser Zauberwiese gelangt, dem erfüllen sich in irgend einer Art und Weise seine Träume... sofern sie reiner und lauterer Natur sind, selbstverständlich. Und genau an diesen Ort haben sich auch unsere Gegner zurückgezogen, und je mehr Menschen diesen Ort durch ihre Träume erreichen, desto größer wird ihr Einfluss auf sie, und wir … tja, wir hätten auf Dauer gesehen, das Nachsehen, es sei denn ...

ODIUS: Es sei denn ... was?

TYRANO: Es kann niemand mehr diese Zauberwiese erreichen, da es keine reinen und lauteren Träume mehr gibt! Bisher war der Riss im beschützenden Tor nur sehr klein, doch - in aller Bescheidenheit - habe ich es in einer groß angelegten Aktion geschafft, derart viele Träume regelrecht zu vergiften, dass das Tor geradezu einladend offen steht für uns alle.

CRUXOS: Und du meinst, wir marschieren da einfach so rein, zerstören alles, was uns in die Quere kommt um dann mit anzusehen, wie wir uns eben mal so mir-nichts-dir-nichts selbst zerstört haben?! Grandioser Plan! Pestos, was soll der Unsinn?!

PESTOS: *(beschwichtigend die Hand hebend...)* Etwas mehr Weitsicht, mein lieber Cruxos! Wir können sie selbstverständlich nicht töten ohne uns selbst dabei zu vernichten, deswegen werden wir sie auch nur gefangennehmen.

HABERIUS: Gefangennehmen?

PESTOS: Ja! Tyrano wird uns durch das Tor zu ihrer Zauberwiese führen, auf der sie im Augenblick eh schon gefangen sind und machen sie zu unseren Sklaven. Den Menschen gegenüber werden wir uns zunächst verstellen, so dass sie das Gefühl haben, weiterhin von Vivaro, Bonumeo und all seinen Gefolgsleuten geführt zu werden. Dann bedienen wir uns Tyrano's Technik und werden in ähnlicher Weise, wie er der Menschen Träume vergiftet hat, ihren Verstan d und ihr

Bewusstsein in leise schleichenden Schritten ebenso vergiften, bis sie nur noch unserem Willen unterliegen. Die Verdunklung und Verkümmerung ihrer Seele erfolgt dann ganz von selbst und bis sie merken, welchem vermeintlichen Irrtum sie eigentlich aufgesessen sind, wird es für sie zu spät sein und die Welt gehört endlich nur noc h uns. Je mehr Licht aus ihr dahinschwindet, desto größer und stärker wird unser Reich der schattenlosen Dunkelheit!

(Alle schweigen einen Moment lang... schließlich...)

CRUXOS: Ha! Ganz einfach, was? Wir legen sie in Fesseln und übernehmen ihre Funktionen, allerdings zu unseren Bedingungen. Ein geradezu genialer Plan!

EGIOS: Wirklich, auch ich bin beeindruckt! Natürlich ist das Ganze nur möglich, weil dein Freund da, (*auf* TYRANO *deutend...*) Tyrano, sie direkt aufgespürt und wirklich gute Arbeit geleistet hat. Willkommen in unserem Reich!

TYRANO: Tja, wer hätte das gedacht! Aber nicht mir gebührt der Dank, vielmehr den vielen, vielen Menschen, deren verunreinigte Träume mich überhaupt erst geschaffen haben! Machen wir uns also auf zur letzten großen Schlacht!

PESTOS: *(sich erhebend...)* So sei es!

(Alle übrigen erheben sich, ziehen ihre Schwerter und rufen:)

Tod dem Licht!

V O R H A N G

VI. SZENE: (*Der Rat des „Lichts"*)

(Das Bühnenbil d zeigt wieder die von hohen Säulen durchsetzte Halle wie in der III. Szene ...)

EREANO (*zunächst allein die Bühne betretend...*): So lange Zeit, dass alles gut ging, und wir uns noch durchsetzen konnten, die Oberhand behielten, die Vernunft dirigieren konnten. Dass sie - all die Milliarden von Menschenkindern dieser Erde - trotz all ihrer verschiedenen Kulturen und Religionen - noch halbwegs in Frieden leben konnten, dass sie…

SAMARENO: (*ebenfalls die Bühne betretend…*): … in Frieden leben konnten und auch weiterhin können?! (*Stimmt den „Friedens-SONG" an*):

Glaubst du immer noch an Frieden…
PAXERA (*hinzukommend die Bühne betretend und mit* 2. Stimme *mitsingend…*) *und dass die Menschen sic versteh'n*
SAMARENO (*alleine*) *Aufhör'n sich zu bekriegen*
PAXERA (*2. Stimme dazu…*) *aus Habgier, Hass und Neid* (*und in allen weiteren Strophen kommt PAXERA jeweils in der 2. und 4. Zeile mit der* 2. Stimme *hinzu…*)
Glaubst du immer noch an Frieden und die Menschen endlich lern'n, dass sie, obwohl verschieden alle nur einen Ursprung hab'n
In wie vielen Liedern schon besungen, in wie vielen Liedern schon beschwor'n? Wie viele Mahnmale schon aufgestellt, dass nur der Frieden unsere Welt erhält!
Glaubst du immer noch Frieden bei all dem Größenwahn, nur aus Machtgier und Glaubensgründen unzähliges Leben zu zerstör'n
Wann endlich lernt die Menschheit, sich von ihren Kriegsherr'n zu befrei'n Oder wodurch glaubt sie (denn) eigentlich die Krönung der Schöpfung zu sein?!
GLORIANA: (*auf der Bühne erscheinend…*): Aber größtenteils herrscht doch der Friede auf derWelt!

      SAMARENO: So?! Dann frag' doch mal Paxera!

PAXERA: Ich fühle mich schwach und werde mehr und mehr zu Boden gerungen – es ist, als wolle man mich aus der Welt vertreiben! (*Gleitet langsam zu Boden…*)

VIVARO und **BONUMEO** (*gleichzeitig die Bühne betretend, zur auf dem Boden liegenden* PAXERA *eilend und sie vom Boden hochziehend…*)

VIVARO: Paxera, du darfst nicht fallen! Komm, steh' wieder auf und verlier' nicht die Hoffnung, den bevorstehenden Krieg nicht zu verlieren!

GLORIANA *(erschrocken…)*: Aber welcher bevorstehende Krieg denn?!

BONUMEO *(zu allen Versammelten…)*: Lasst uns zusammensetzen und beraten, was zu tun ist, denn betrübliche Nachrichten haben uns erreicht, dass uns die *Neun Finsteren* angreifen wollen um uns zu vernichten!

SAMARENO: Aber wissen sie denn nicht, dass sie, wenn sie uns vernichten, sich ihrer eigenen Existenz berauben?!

BONUMEO: Bitte setzt euch an den Tisch der Beratung!

(Gemurmel untereinander, während alle am Tisch Platz nehmen, dann erwartungsvolle Stille…)

VIVARO: Es ist leider geschehen: Das geschützte Tor zu uns ist nicht nur gerissen, es ist gefallen! Pestos' neue ihm zur Verfügung stehende Macht, Tyrano, der Traumtöter, ist es zunehmend gelungen, sich in die Seelen unzähliger Menschen einzuschleichen, um ihre Träume zu vergiften.

GLORIANA: Und was bedeutet das nun genau?

BONUMEO: Sie werden hier eindringen, sehr bald sogar und dann müssen wir uns ihnen stellen!

EREANO: Aber das ist doch alles Wahnsinn! Diesen Krieg kann doch niemand gewinnen, denn ohne uns können auch sie nicht weiter existieren!

VIVARO: Und somit blieben die Seelen leer – dunkel, ohne Licht…

GLORIANA und **SAMARENO** *(zusammen…)*: Und ohne Licht gibt es kein Leben! *(Stehen beide auf und singen den SONG: Ohne Licht…)*

Ohne Licht gibt es kein Leben, ohne Licht auch keinen Tag. Ohne Licht würd's niemad geben, ohne Licht wär' ewig Nacht

Keine Pflanze würd' erblühen und auch kein Feld ge-
deih'n. Kein Mensch könnte überleben, und die Welt blieb
öd' und leer

Und ohne Leb'n gäb's keine Träume, sinnerfüllt zu fühl'n
Geist und Seele zu beflügeln, und sich mit dem Licht des
Lebens zu verein'n

PAXERA: Aber wie können wir uns denn nun verteidigen, sollten sie tatsächlich so töricht sein, uns anzugreifen?!

BONUMEO: Wir dürfen sie auf keinen Fall wehrhaft attakkieren mit der Absicht, sie zu vernichten, vielmehr müssen wir ver suchen, mit ihnen zu verschmelzen.

EREANO: Aber bedeutet das nicht, uns mit dem Bösen zu vereinen?

VIVARO: Nein! Bedeutet es nicht, wenn wir versuchen, nur zu einem Prozent in der Überzahl zu bleiben.

GLORIANA: Wie meinst du das?

VIVARO: Vergleichtes mit den Begriffen Oben und Unten: Wohin neigt sich eine Waagschale, deren eine Seite nur neunundvierzig un d die anderen einunfünzig menschliche Eigenschaften, wie wir sie sind, trägt?

GLORINA, **SAMARENO** und **EREANO**: (*aus einem Munde…*): Nach Oben!

VIVARO und **BONUMEO**: Und genau da müssen wir hin und für ewig dort bleiben!

EREANO: Und was ist mit Tyrano, dem Traumtöter?

VIVARO: Den gilt es zu vernichten, wenn wir unser Ziel da-Traum und Fantasie zu erhalten, erreichen wollen!

ALLE ZUSAMMEN: So sei es – **es lebe das Licht**!!

V O R H A N G

VII. SZENE: (*Schlussszene*)

EREANO, *(aufgeregt laufend die BÜHNE betretend…)*: Sie kommen! Sie haben das Tor durchbrochen und zertrampeln gerade unsere Wiese – sie werden gleich hier sein!

GLORIANA(*auf der BÜHNE erscheinend…*): Jetzt ist es also so weit!

BONUMEO: (*ebenfalls auf der BÜHNE erscheinend, sich zu den Übrigen im* OFF *Befindlichen wendend…*): Passt gut auf Paxera auf! Bringt sie in Sicherheit!

HABERIUS (*aus dem OFF…*): Das ist bereits schon geschehen! *(und dann die BÜHNE betretend…)*

VIVARO *(die BÜHNE betretend und zu* BONUMEO*…)* Meinst Du, sie noch rechtzeitig kommen? Sonst sind wir verloren!

BONUMEO: Ich weiß es nicht! Wir können nur noch hoffen!(*Aus dem* OFF *ertönt das Nahen der „Neun Finsteren" mit verschiedenen, alle gleichzeitig ausgerufenen Parolen wie:* Nieder mit allen, die uns im Weg sind! / Sie sollen verdammt sein / Ergreift sie und vernichtet sie! . . . *dann auf der BÜHNE erscheinend und ausrufend*:

Tod dem Licht! (*und dabei ihre Schwerter ziehend…*)

VIVARO (*ihnen entgegentretend…*): Seid gewarnt und überdenkt noch einmal, welchen Preis Ihr für euer Vorhaben zahlen müsst! Diesen Kampf kann keiner gewinnen!

PESTOS *(* VIVARO *entgegentretend…)* Papperlapapp! Schluss damit! Stellt euch zum Kampf und dann werden wir ja sehen, wie recht oder unrecht ihr habt! Also?

VIVARO *(sich zu den Seinen umdrehend und ihnen ein Zeichen gebend, woraufhin sie sich alle mit einem Schild rüsten und geschlossen nebeneinander stehen)* Wie du willst! Aber unser Kampf wird nur aus einer geeignetetn Verteidigung bebestehen - wir können euch nicht töten!

PESTOS (*sich ebenfalls zu den Seinen undrehend…*): So sei es! Möge der Stärkere gewinnen! Ergreift sie!

(Nach vorgegebener Musik und zu choreografierenden tänzerischen Elementen beginnt der Kampf der mit Schwertern beteidigenden „Guten", bis schließlich TALIANA *mittig auf der BÜHNE erscheint)*

TALIANA *(zwischen die „Kämpfenden" tretend…)*: Aufhören!! Ihr sollt sofort damit aufhören! *(Doch niemand beachtet sie, dann aber…)*

VIVARO *(sich von seinem „Gegner" befreiend und an* TALIANA *herantretend…)*: Du musst unsere Sprache sprechen, sonst wird Dich niemand verstehen können

TALIANA *(sich kurz besinnend, während alle anderen noch weiter „kämpfen"…)*: So haltet ein! Ich bitte euch: haltet ein! *(Die „Kämpfenden" abrupt in ihren Bewegungen verhaltend und sich nach und nach* TALIANA *zuwendend, mehrere…)*: Aber… wer bist Du denn?!?Ja?! Und wo kommst Du denn her?!

TALIANA: Ich bin Taliana, ein Menschenkind dieser Welt und Bonumeo hat mich gebeten, euch zu helfen.

CRUXOS: Uns zu helfen!?

EGIOS: Du ganz alleine?!

HABERIUS: Ja und überhaupt: Helfen wobei denn?!

POWEROS: Wa s bildest du dir eigentlich ein, wer du bist, kleines Menschenkind, dich hier überhaupt einzumischen?!

AVARITIUS: Uns allein gebührt es, das Problem hier *(dabei in die Runde zeigend…)* zu lösen!

ENVIUS: Ganz genau! Das wirst du gleich noch spüren, sobald wir die Sache hier erledigt haben!

MATAKIOS: Glaubst du etwa, du seist was ganz besonderes?

MENDATIUS: Oh jaaa, du wirst es schaffen! Fragt sich nur: womit?

HATERIUS: Stolz allein wird dir dabei aber nicht helfen, liebes Kind – frag ihn!

PESTOS *(aus dem Hintergrun d hervortretend…)*: Genug jetzt! Wir wollen die Sache beenden. Schafft die Göre aus dem Weg! *(Die „Finsterten" machen sich daran,* TALIANA *zu ergreifen, doch diese entwindet sich immer wieder ihren Griffen, und schließlich…)*

TALIANA: Stolz bin ich, ja, und stark genug, euch zu bezwingen! Superbia ist mein Gefährte – ich erdrücke euch mit meiner Liebe! Mit meiner Liebe zum Leben!

HATERIUS: Mit deiner Liebe? Und du willst stärker sein als ich?

TALIANA *(auf* HATERIUS *zugehend…)*: Oh ja, ganz gewiss! *(…und ihn mit* [choreografisch festgelegten] *Armbewegungen langsam niederringend)*: Ich befehle Dir: Reihe Dich hinter mir ein, denn Du bist ebenso ein Teil von mir, wie… *(sich nach allen anderen „*Finsteren" *umdrehend…)* ihr alle zusammen!!

*(Alle „*Finsteren" *weichen erschrocken einen Schritt zurück…)*

TALIANA *(weiterhin…)*: Ich gebiete euch: Zerstört euch nicht selbst und fügt euch eurer vorgegebenen Bestimmung, die Welt im Gleichgewicht zu halten! Geht und sucht euer Pendant und dann verschmelzt euch mit ihnen, auf dass ihr eine Einheit bildet – eine Einheit für alles Leben auf dieser Welt!

(Stille, dann… alle gebannt auf PESTOS *blickend, der langsam auf* VIVARO *zugehend und ihn lange anschauend, dann sein Schwert vor ihm niederlegend und sich neben ihn stellend…)*

PESTOS: Ich beuge mich der nicht zu widerlegenden Einsicht, dass wir <u>zusammen</u> das Leben der Menschen gestalten müssen, aber - sei dir dessen bewusst: ich bin und bleibe für ewig dein Gegenstück, dein Pendan t und … ich bleibe für alle Zeiten dein Feind!

VIVARO *(den Schild ablegend…)*: Ich weiß! Und ich werde für alle Zeiten versuchen zu verhindern, dass du in den Vordergrund trittst, so weit es mir immer möglich ist!

(Auch die übrigen „Finsteren" legen ihre Schwerter nieder und vereinen sich mit Ihren Pendants…, die dann nebeneinander stehend einen großen Halbkreis auf der BÜHNE bilden, TALI-ANA *sich in der Mitte der Umstehenden einreihend…)*

TALIANA: Ihr gehört nun alle zu mir, ich trage euch alle in mir und nur ich bestimme fortan, wer von euch Teil meines Lebens sein soll! Ihr habt zwar die Zauberwiese zerstört, aber sie wird neu entstehen, sobald Tyrano von der Erde verbannt wird! Dafür lohnt es sich zu kämpfen, dass immer wieder der einzig wahre Traum erhalten bleibt: Das Leben bleibe ein Teil einer in Fantasie geborenen Unendlichkeit!

(Schlussmusik – **VORHANG** *…)*